LES
ENFANTS DU PEUPLE

DRAMES HISTORIQUES

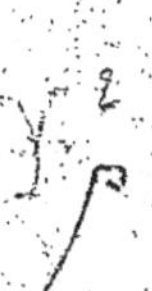

Paris.—Imprimerie Morris et Comp., rue Amelot, 64.

LES

ENFANTS DU PEUPLE

DRAMES HISTORIQUES

PAR

EUGÈNE WOESTYN

PARIS

62, RUE DE LANCRY, 62

—

1857

Chercher dans le peuple tous ceux des siens qu'ont glorifiés le travail, le talent, l'intelligence, la bravoure, raconter la vie de ces élus et la présenter comme une leçon et un encouragement, tel est le but de ce livre.

L'auteur ne se donne pas pour un de ces messies qui, des brins de paille de Fourier et du duvet du Christ, prétendent bâtir un nid où ils couveront le Verbe à venir de l'humanité nouvelle, mais il croit faire une œuvre saine, utile et consolante en montrant au peuple que rien n'est impossible aux grands esprits et aux grands cœurs, si humble que soit leur condition première, si déshérités de tout appui que le hasard de leur naissance les ait jetés dans le monde.

La couleur romanesque dont il a revêtu les diverses biographies qui composent ce livre lui était en quelque sorte imposée par le goût du public pour cette forme, futile peut-être, mais plus saisissante que toutes les autres. Au reste, vingt années d'études, de recherches et de compilations dans les mémoires contemporains et les archives locales, le mettent à même d'allier l'intérêt du drame à la sévérité de l'histoire, et, sans orgueil, il pourrait donner à son livre cette épigraphe :

— Ici, rien que de vrai.

La tâche est lourde sans doute, on peut échouer à la peine, mais le but est si noble, si grandiose, qu'il doit être beaucoup pardonné à qui ose beaucoup; aussi est-ce avec un peu de confiance qu'en terminant on hasarde ici la formule obligée :

— Excusez les fautes de l'auteur.

ENFANTS DU PEUPLE

DRAMES HISTORIQUES

JEAN BARTH

I

LA TOUR DES PILOTES

Le 18 novembre 1662, Dunkerque était en rumeur comme un jour de fête carillonnée ; on avait signalé à l'horizon l'escadre française qui venait prendre possession de la ville cédée aux Anglais par le traité du mois de mai 1658 et rachetée à Charles II par Louis XIV moyennant deux cent cinquante mille livres sterling (six millions deux cent cinquante mille francs). Un siècle auparavant, l'armée du duc de Guise, abusant de sa victoire, avait incendié la ville, dépouillé les églises, pillé les maisons particulières, égorgé hommes, femmes, enfants, et rançonné les malheureux échappés au fer des assassins ; mais, grâce au temps écoulé, ces horreurs n'étaient plus que des légendes comme les terribles exploits du corsaire Jean-Léon Gods-Wrient, et les haines, déjà bien attiédies par la succession des générations, avaient entièrement cédé aux fabuleux exploits des Condé et des Turenne dans les Dunes. Tour à tour française, espagnole, anglaise, Dunkerque se lassait d'une nationalité aussi inconstante et l'arrivée des plénipotentiaires de Louis XIV était sympathique à tous, riches bourgeois et pauvres pêcheurs, graves magistrats et milices turbulentes.

Les flots du populaire déferlaient en vagues bruyantes sur l'Esplanade, le long du port, à travers les chantiers et dans les dunes voisines de la ville ; chacun y devisait du grand événement, envoyant de ci de là une plaisanterie fortement épicée, suivant l'habitude du terroir, à l'adresse des matelots anglais qui, tranquilles et accoudés sur les bastingues du plat-bord des navires en rade, partageaient leur loisir entre la pipe et des cruches de genièvre. Hâtons-nous de dire que ce nonchaloir n'était qu'un accident dans la flotte britannique, soumise, alors comme aujourd'hui, à une sévère discipline. Les officiers avaient, les premiers, donné l'exemple en abandonnant toute surveillance et se retirant dans la chambre du conseil où ils blâmaient à l'envi la vénalité des favoris du roi Charles II ; ils n'étaient, en cela, que les fidèles échos de l'opinion publique, et lord Clarendon, chancelier d'Angleterre, dont John Bull baptisa l'hôtel : *Petit Dunkerque*, l'apprit plus tard aux dépens de sa puissance et de sa faveur. Jamais, en effet, marché politique ne s'était si vite conclu, et l'envoyé de Louis XIV, le comte d'Estrades, n'avait pas eu besoin, pour triompher de l'inexpérience du jeune monarque, de mettre en jeu les ressorts déliés de sa diplomatie savante et consommée.

A l'orée des Dunes, ces montagnes de sable sans verdure, sans autre végétation que des genêts rabougris et brûlés par le vent de mer, s'élevait alors une modeste cabane qui, seule, dans ce désert où l'on ne voit que le ciel, la grève aride et l'Océan, attestait l'existence de l'homme. C'était l'habitation de Cornill Barth, patron de barque et maître pilote renommé depuis Dieppe jusqu'à Flessingue. D'aucuns, le voyant ainsi gîter à l'écart sur un terrain banal où nul ne lui venait réclamer le loyer de l'emplacement de sa maison, l'accusaient d'avarice, mais ceux-là étaient de mauvaises langues, car maître Cornill vivait, Dieu merci ! toujours la main ouverte, aussi bien pour venger une insulte que pour secourir un malheureux. S'il habitait les dunes, c'est qu'il affectionnait cette vaste solitude muette à tous les bruits, si ce n'est à la grande voix de Dieu. Elevé sur la mer et secrètement inspiré par cette instinctive poésie que développe le spectacle habituel de l'immensité, il aimait à contempler de sa fenêtre, dans les phases mystérieuses de la marée ascendante et du reflux, la plage dorée qui se détire comme, au sortir du bain, une blonde néréide parée de coquilles et d'algues marines, et à s'endormir le soir au bruissement des vagues comme un enfant à la chanson de sa nourrice.

En ce moment, la cabane n'était habitée que par Catherine Janssen, femme de Cornill Barth. La digne ménagère eût volontiers laissé là les salicoques qui mijotaient dans un chaudron pour le repas du soir et suivi la famille à Dunkerque, mais la demeure du patron de barque était une maison d'ordre, s'il en fut, et l'on n'y discutait point la volonté du chef; lorsqu'enveloppé de son caban, ce dernier était parti avec ses deux fils, Gaspard et Jean, sa femme avait compris qu'elle devait rester au logis.

La résignation toutefois n'empêche pas la curiosité, si bien qu'en retirant de la cendre ses galettes d'orge, dame Catherine jetait de fréquents regards sur la fenêtre en face de laquelle s'allongeait le sentier conduisant à la ville, et sa langue battait avec la régularité d'un pendule les secondes de sa mauvaise humeur :

— Allons, disait-elle, ils ne reviendront pas; par Notre-Dame de Petite Synthe! on n'a jamais vu, dans une demeure honnête, un souper de grenades et de galettes d'orge à la levure de bière attendre si longtemps.

Une décharge de mousqueterie, suivie d'un immense hourrah, l'interrompit au milieu de ses récriminations...

— Tiens! reprit la femme du pilote, voilà le canon du fort qui salue l'escadre française; il n'y a plus rien à voir maintenant, nos coureurs vont sans doute rentrer... Pourvu qu'il ne leur prenne pas fantaisie de causer avec les nouveaux débarqués... Mais non... J'aperçois là-bas trois ombres qu'il me semble reconnaître... Après ça la nuit est si noire qu'on ne distinguerait pas un brick d'un schooner... Décidément c'est bien de ce côté qu'on vient...

Plusieurs coups vigoureusement frappés sur les ais de la porte tirèrent dame Catherine d'incertitude; elle courut ouvrir et tomba dans les bras de son mari qui, lui appliquant deux gros baisers sur les joues, s'écria :

— Hé bien, femme, nous sommes attendus, n'est-ce pas?

— Depuis longtemps, et c'est vraiment avoir peu de pitié

pour mes oreilles, après avoir privé mes yeux d'un si beau spectacle.

— Allons, allons, ne te fâche pas, la mère ! sers le souper que les enfants dévorent des yeux ; en vous regardant manger, je te conterai les détails de la cérémonie.

— Comment, en nous regardant ? est-ce que tu as dîné là-bas ?

— Non ! mais j'ai le cœur gros, partant l'estomac plein.

— Oh ! mon Dieu, qu'arrive-t-il donc ? et le regard de Catherine errait avec d'anxieuses évolutions du père à chacun de ses enfants.

— A table, à table, je vais te dire ce qui en est.

Tandis que la mère et ses fils rapprochaient leurs escabeaux du souper, maître Barth jeta dans le foyer une brassée de genêts secs, puis, s'accoudant au manteau de la cheminée, il commença son récit :

— Tu le sais, le roi de France, et le pêcheur souleva respectueusement son bonnet de laine, a racheté Dunkerque aux Anglais, moyennant une grosse somme ?...

— Je ne vois rien là que de bon et d'heureux.

— Oui, au premier abord, mais quand on connaît les conditions de la vente...

— Ces conditions, quelles sont-elles ? demanda Catherine sans être entendue de Cornill qui poursuivait :

— Non ! ce n'était pas trop payer Dunkerque et son port, quoique six millions représentent bien des coups de filet, mais Dunkerque comme elle est... Telle qu'on nous la rendra, la ville ne vaut pas ce plat de crevettes à deux liards la pinte.

— Explique-toi, Cornill, tu me fais mourir. Qu'y a-t-il enfin ?

— Il y a... il y a qu'on va raser tous nos édifices à la taille de la plus haute maison.

— Ah ! tu veux rire, notre homme...

— Non ! mère, tout le monde en parlait sur le port ! dirent à la fois les deux enfants...

— Et le roi Louis a consenti à cela ? s'écria Catherine en étreignant ses mains brunies par le hâle.....

— Le roi Louis veut Dunkerque, on lui rend Dunkerque, —

décapitée, c'est vrai ! mais qu'importent quelques pierres de plus ou de moins ?

— Ainsi notre église Saint-Eloy et ses deux tours qui montrent le ciel aux malheureux...

— On les démolira.

— Et l'église Sainte-Marie l'Egyptienne où nous allons, par les gros temps, brûler des cierges quand vous êtes à la mer...

— On jettera bas sa flèche... A bas nos clochers, à bas notre tour, l'orgueil de la ville et l'envie de toute la province, notre tour qui, du haut de ses cent quatre-vingts pieds, domine le pays environnant à treize lieues à la ronde.

— Nous ne monterons plus les deux cent soixante-cinq marches de son escalier en colimaçon, murmura le petit Gaspard à son frère Jean, profitant de l'abattement silencieux où restaient plongés son père et sa mère.

— Nous ne compterons plus de sa plate-forme les clochers de Bergues, d'Hondschoote, de Furnes et de Niewport, répondit Jean sur le même ton.

— Nous n'entendrons plus le joli carillon qui chante si joyeusement au dernier étage de la tour.

— Et nous ne verrons plus de notre lit se réfléter en pluie d'or dans l'écume des vagues le phare qui brille à son faîte.

— Non, enfants, plus de carillon pour nos ducasses, plus de phare pour notre port, plus d'églises pour consacrer nos joies ou endormir nos douleurs ! Dunkerque ne sera désormais qu'un grand village ; aussi ses armoiries de ville noble, à l'écu coupé de Flandre et de Bar, tomberont-elles sous le marteau des Anglais comme le jacquemart, comme le fanal et comme la croix...

La tristesse que chacun éprouvait abrégea le souper ; aussitôt que dame Catherine en eut rangé les débris, le patron de barque dit à ses fils :

— Allons, petits, couchez-vous ; il nous faudra demain être sur pied de bonne heure.

— Ne vas-tu pas te reposer aussi ? lui demanda sa femme.

— Je ne pourrais dormir maintenant. Je fumerai une pipe en attendant le sommeil.

— Alors, prions Dieu… s'il nous frappe, c'est que nous l'avons mérité ! murmura dame Catherine en tirant de sa poche un grossier chapelet.

Tous quatre s'agenouillèrent, et, après avoir récité l'oraison dominicale, les deux enfants s'enfoncèrent dans les draps de toile bise qui garnissaient leur couchette, Catherine se jeta tout habillée sur son lit et maître Cornill demeura les pieds contre les chenets, aspirant et renvoyant à intervalles égaux d'âcres bouffées de tabac.

Deux heures s'écoulèrent ainsi sans qu'aucun des acteurs de cette scène remuât ; le vent s'était levé au dehors et mugissait tristement, la lampe ne jetait plus qu'une lueur douteuse et depuis longtemps la dernière étincelle du foyer s'était refroidie, lorsque Cornill releva la tête, embrassa du regard sa famille endormie, et marchant sans bruit, s'avança vers la porte dont il tira les verroux ; un léger mouvement de Catherine sur son lit l'arrêta quelques instants, puis n'entendant plus rien il poussa le lourd battant, le laissa retomber avec précaution et disparut dans la direction de Dunkerque.

Il avait achevé déjà plus des deux tiers du trajet lorsque le roulement d'une course précipitée le fit tressaillir. Avant qu'il eût pu s'assurer s'il était poursuivi ou si l'écho lui jouait ce tour, en répercutant le bruit de ses pas, sa femme était à son cou.

— Je savais bien, lui dit-elle, que tu me cachais quelque chose.

— Mon Dieu ! ma pauvre Catherine, c'était pour ne pas t'effrayer. Les notables de Dunkerque et les syndics des corporations se réunissent cette nuit dans le cloître des Récollets pour aviser aux moyens à prendre ; tu vois que les femmes sont inutiles en pareille assemblée.

— Jour du ciel ! mais si le salut de votre port vous inquiète tant, crois-tu que la conservation de nos églises nous importe moins ? Oh ! crois-moi, Cornill, pendant que vous discuterez, je prierai, et, si grande qu'elle soit, nulle entreprise ne doit dédaigner la prière qui monte à Dieu.

— J'ai pensé comme toi, mère, dit en s'élançant d'une touffe de genêts Jean, l'aîné des enfants.

— Allons, chacun s'en mêle, murmura le pêcheur.

— L'enfant a bien fait, hasarda Catherine.

— L'enfant est un enfant et serait mieux dans son lit qu'ici.

— Le 20 octobre dernier j'ai eu douze ans ; pas un mousse de la côte n'ose se mesurer avec moi ; j'ai vu deux tempêtes et la seconde fois je n'ai pas manqué la manœuvre, je suis un homme.

— Venez donc ! dit Cornill en souriant dans son orgueil paternel, venez et que Dieu soit avec nous.

Un quart d'heure après, les nocturnes voyageurs se glissaient par une petite porte du couvent des Récollets et pénétraient dans le cloître où une centaine de personnes étaient groupées autour du prieur, vieillard courbé par l'âge et les infirmités.

— Mes enfants, leur disait-il, vous m'avez demandé de vous ouvrir notre cloître, afin de délibérer en paix ; j'y ai consenti, voyons maintenant vos projets.

Différents avis furent successivement ouverts, mais l'interlocuteur n'avait pas achevé sa pensée que le prieur hochait la tête, en signe d'impossibilité. Hélas ! du milieu de tous ces bons vouloirs il ne surgissait que d'impraticables idées, pour la plupart basées sur la violence. Les syndics des corporations avaient parlé les premiers, c'était maintenant au tour des bourgeois notables.

Un Faulconnier proposa d'offrir un million, s'engageant à le trouver chez ses confrères, les négociants de la ville.

— Il est trop tard, murmura tristement le vieux religieux ; le roi Charles II eût accepté cette offre, ses officiers la repousseront. Il importe à l'Angleterre que notre port soit ruiné.

Une sourde rumeur courut dans la foule, l'un des syndics, plus osé que les autres, fendit la presse et, se plaçant en face du prieur, lui dit avec une voix tremblante de colère :

— Ah çà ! mon révérend père, nous espérions que vous seriez de notre bord, mais vous m'avez tout l'air d'abandonner saint Denis pour saint Georges...

— Maître Tugghe ! s'écrièrent ses plus proches voisins en essayant de le calmer.

— Laissez-le, mes enfants, son cœur vaut mieux que sa tête.

— Vous avez raison, mon père, je vous demande pardon de mon emportement... Oh ! s'il ne fallait que se battre contre les Anglais, mes charpentiers et moi nous irions d'un bon pas...

— Mauvais moyen.

— Tous sont de même, vous le voyez.

— Peut-être, dit une voix enfantine, et, à la stupéfaction générale, le fils du patron Cornill Barth apparut au milieu des assistants entre les jambes desquels il s'était adroitement glissé.

— Qu'est-ce à dire ?

— Jean, tu feras connaissance avec ma garcette...

— Allons, maître Cornill, interrompit le prieur, laissez cet enfant ! les décrets de la Providence sont impénétrables ; Dieu s'est plus d'une fois servi des humbles et des petits pour manifester sa toute-puissance..... Parle, mon fils, nous t'écoutons.

— Devant tout ce monde, je n'oserai pas, mais si vous le voulez, monsieur le prieur, je vous dirai mon idée à vous, à mon père et à maître Tugghe.

Un geste d'assentiment répondit à Jean, qui, emmenant ses trois interlocuteurs à l'extrémité du cloître, leur parla à voix basse. Soudain, une triple exclamation retentit dans ce petit groupe et le prieur revint en toute hâte vers l'assemblée en criant :

— A genoux ! à genoux ! mes frères. Le ciel a inspiré cet enfant ; aujourd'hui comme jadis David triomphe de Goliath !

— Qu'est-ce ?

— Comment ?

— Qu'y a-t-il ?

— Par quel moyen ?

A toutes ces interrogations qui se croisaient, le religieux imposa silence en mettant un doigt sur ses lèvres, puis quand le calme fut rétabli, il dit :

— C'est après-demain, à la pointe du jour, que le traité doit recevoir son exécution ; la nuit sera remplie par la fête que le comte d'Estrades donne à son bord aux officiers anglais ; la surveillance de nos ennemis ne sera point dangereuse. Soyez tous demain soir, au premier coup de onze heures, devant la tour. Là vous saurez le miracle, car c'en est un....

Les plus curieux tentèrent d'insister, mais le prieur se découvrit et entonna le *Te Deum laudamus*. Tous tombèrent à genoux, reçurent sa bénédiction et s'éloignèrent en jurant d'être exacts au rendez-vous.

La journée du lendemain s'écoula sans malencontre. Comme l'avait annoncé le prieur, le comte d'Estrades offrait une fête aux Anglais pour célébrer leur dernière heure de possession, et, dès le matin, des chaloupes chargées de meubles, de paniers de vin et de mannes pleines de provisions, sillonnant la rade, allaient accoster le vaisseau-amiral dont plusieurs brigades de menuisiers et de tapissiers transformaient le pont en salle de bal.

De riches tentures, accrochées aux huniers, retombaient jusqu'au plancher, retenues çà et là par des embrasses de lierre; de distance en distance, des lustres de cristal balançaient à la brise leurs pendeloques et, tout le long des bastingages, de moelleux sophas, empruntés aux meilleurs salons de la ville, s'alignaient éblouissants de broderies et de chamarres. Le coup d'œil au jour était féerique; que devait-ce être le soir à l'éclat des bougies et quand les quadrilles dessineraient dans l'immense ellipse la gigue joyeuse, l'allègre courante, l'élégant passe-pied et le menuet majestueux?

En attendant la fête, les officiers anglais recevaient leurs collègues de France, et les postes abandonnés au commandement des sergents n'avaient pas tardé à devenir déserts; leurs chefs improvisés ayant préféré les joies de la taverne aux loisirs du corps de garde, les soldats s'étaient faufilés dans les caves du port, laissant à Dunkerque le soin de se garder elle-même. Aussi, nul n'avait inquiété une charrette dont une toile à voile protégeait le contenu, et que, vers l'après-midi, trois religieux avaient mystérieusement amenée des Dunes dans le cloître.

Dix heures sonnaient quand les premières mélodies envolées de l'orchestre s'éparpillèrent dans les rues voisines du port; la nuit était brumeuse, et il aurait fallu une surveillance bien éveillée pour deviner les groupes qui, venant de directions différentes, convergeaient tous vers la tour, au pied de laquelle grouillait une véritable fourmilière humaine lorsque le beffroi tinta lentement l'heure fixée par le prieur des récollets.

Soudain la foule s'écarta devant une charrette conduite par Cornill et Tugghe, puis un coup discret fut frappé à la porte de la tour. Le gardien vint ouvrir et, avant qu'il eût le temps de donner l'alarme, il était bâillonné, garrotté et remis à la garde de six gars vigoureux qui avaient l'ordre de s'en débarrasser à la moindre tentative de fuite, à la plus petite velléité de résistance, mais, en vérité, le pauvre diable n'y songeait guère; il roulait de gros yeux effarés, cherchant à pénétrer tout à la fois le mystère de l'aventure et l'obscurité de la nuit, sans pouvoir y parvenir.

Alors une troupe d'hommes désignés par le prieur s'engouffra dans l'escalier, tandis que le reste de la foule veillait sur chaque avenue de la place. Durant toute la nuit ce fut une succession d'allées et de venues interrompues seulement par le cri strident des scies et le sourd battement des marteaux; on ne saurait mieux comparer cette infatigable activité sans fracas, sans éclat, qu'à l'agitation de l'océan sur les côtes de Bretagne par un temps calme. Tout à coup une explosion de joie subitement étouffée retentit au faîte de la tour et les hôtes mystérieux du vieil édifice, rejoignant leurs compagnons, s'acheminèrent avec eux vers le port.

L'aube blanchissait l'horizon, le vent du matin, dilacérant les brumes, découvrait un ciel clair et froid comme l'acier; pourtant le bruissement des rires, les accords de l'orchestre se mariaient toujours à bord du vaisseau-amiral et couvraient le clapotement d'un canot qui nageait vers ce point, monté par maître Cornill, son ami Tugghe et le prieur des récollets. Une fois sur le pont, lorsqu'un rideau de soie les séparait seul de la fête, ils s'adressèrent à un matelot pour parler sans retard au comte d'Estrades.

L'entrevue fut courte; après les premiers mots échangés, le comte entraînant ses visiteurs, rentra dans l'enceinte et dit au commandant anglais :

Milord, ces honnêtes bourgeois de Dunkerque viennent me rappeler que le devoir a son heure comme le plaisir. Il fait jour et s'il vous agréait de me rendre la ville....,

— A Dieu ne plaise, monsieur le comte, que je vous attarde

en l'heureux accomplissement d'une mission dont tout l'honneur vous appartient ; aussitôt les conditions du traité remplies, la ville sera à vous.

— Ne vous ai-je pas montré, milord, copie de la quittance donnée à mon royal maître par votre gracieux souverain ?

— Assurément, et ce n'est point du prix qu'il s'agit ici ; mais aux termes du traité, l'habitation particulière la plus élevée doit être le plus haut monument de Dunkerque, or la maison de ville domine toutes les habitations particulières, la flèche des récollets domine la maison de ville ; les clochers de Saint-Éloy dominent les récollets et la tour du Phare domine Saint-Éloy. Est-ce vrai ?

— Tout autant qu'une maison domine la tour du Phare, voyez plutôt, milord, et écartant une draperie, d'Estrades indiqua au commandant anglais une modeste cabane de planches et de briques qui, surmontée du drapeau blanc fleurdelysé d'or, semblait une aigrette au front du géant de pierre.

— Qu'est-ce que cette bicoque, s'écria l'officier revenu de sa première stupeur.

— La mienne, monseigneur, celle de Cornill Barth, maître pilote pour vous servir..... à retourner chez vous, s'il peut vous être agréable.

Il y eut un moment de silence et d'anxiété ; les officiers de chaque nation groupés autour de leur chef attendaient sérieux et la main sur la garde de l'épée.

— Messieurs les Français, reprit enfin le commandant ennemi, nous pouvons lutter avec vous sur les champs de bataille, mais vous serez toujours nos maîtres sur le terrain de l'esprit. Allons, messieurs, Dunkerque est à vous.

Une heure après, à la maison de ville, le comte d'Estrades qu'on avait renseigné de point en point, mandait maître Cornill Barth et son fils Jean pour leur offrir une récompense digne du service qu'ils avaient rendu à leur pays.

— Merci, monsieur le comte, je ne suis pas ambitieux, répondit le patron de barque,

— Sans l'être, vous pouvez.....

— Non ! vrai de Dieu ! je sais trop ce qui est arrivé à mon cousin Dandaine.

— Et qu'advint-il à monsieur votre cousin ? demanda d'Estrades en souriant.

— Sauf votre respect, ce n'était pas un monsieur plus que moi, mais un pauvre pêcheur du Courgain, à Calais, du temps que M. de Guise en faisait le siége. Donc, un jour qu'il revenait avec son âne du village de Saint-Pierre où il était allé vendre sa pêche, voilà qu'au tournant d'un sentier un grand diable d'homme, plus bardé de fer que la coque d'un navire, l'accoste et lui demande comme ça :

— Es-tu bon Français ?

Lui bien étonné, et un brin effrayé peut-être, de répondre :

— Mon honoré seigneur, je suis Jacques Dandaine, pêcheur du Courgain, et pas autre chose.

— Enfin tiens-tu pour les Anglais ?

— Nenni vraiment ! ils aiment trop à fourrer le nez dans nos filets.

— Tu ne serais donc pas fâché de les voir remplacés par les Français ?

— Damé ! si ceux-là ne prétendent pas à la dîme de nos pêches...

— Sois tranquille, ils préfèrent la sauce au poisson.

— Pour ce qui est de ça, ça regarde nos ménagères.

— C'est ainsi que je l'entends ! Hé bien, je suis le duc de Guise, et ce disant, il lève la visière de son casque et lui montre cette satanée entaille qui lui avait valu le surnom de Balafré, il faut que j'entre à Calais et que j'en sorte le lendemain. Veux-tu m'y conduire ?

— Pas cuirassé comme vous l'êtes, réplique le cousin peu charmé de la proposition.

— Sous le costume qu'il te plaira.

— Alors, venez ; j'ai, à cent pas d'ici, un ami qui nous prêtera tout ce qu'il faut.

Le même jour, à la tombée du soir, Dandaine se présente au corps de garde de la porte de Calais, poussant devant lui son âne en travers duquel le duc de Guise, affublé d'un vêtement de pêcheur, est couché, jambes de ci, tête de là.

— Ha ! ha ! père Dandaine, dit le sergent qui le connaît, nous ramenons de la compagnie.

— Ne m'en parlez pas, monsieur l'officier, c'est mon gueux de fils qu'est soûl comme une limande, sauf votre respect. Est-y Dieu possible de se mettre dans des états pareils ?

— Allons, il faut passer quelque chose à la jeunesse.

— Bon ! v'là que vous prenez son parti, et je comptais vous le laisser cette nuit entre les mains pour qu'au réveil vous lui donniez une fière semonce.

— Grand merci, bonhomme ! nous n'avons que faire de vos ivrognes, c'est bien assez des nôtres.

— Hue ! dit Dandaine en appliquant un vigoureux coup de houssine sur son prétendu fils, et tu peux te vanter, gredin, de l'échapper belle.

Une fois entré dans la ville, le duc descend de l'âne en se frottant les reins et inspecte de droite et de gauche, puis, le lendemain, il sort avec Dandaine, ayant soin de se couvrir le visage, au moment de franchir le poste.

— Dites donc, sergent, crie le pêcheur, v'là le gars tout honteux, ce matin.

— Bah ! honteux de quoi ? N'y a pas d'affront, va, mon garçon ; c'est arrivé à de plus solides que toi.

Et nos deux coureurs d'aventures passent la porte et détalent en rase campagne où ils se séparent, après toutefois que le duc de Guise a tiré l'oreille du cousin Dandaine en lui disant :

— Drôle, le coup de houssine n'était pas nécessaire.

— Dame, monseigneur, c'était pour vous mieux déguiser, que répond le pauvre pêcheur, tout penaud d'avoir fessé un si grand bataillard.

La semaine suivante, les Français prennent Calais et, à peine installé au palais qui, de ce temps-là, a reçu le nom de Cour de Guise, le duc mande Dandaine.

— C'est à toi, lui dit-il, que je dois la victoire d'aujourd'hui, qu'exiges-tu pour récompense ? Veux-tu ce palais ?

— J'ai déjà ma maison du Courgain, monseigneur, j'aime

mieux, si c'est un effet de votre bonté, que vous m'assuriez à moi tout seul le droit de jeter mes filets dans la flaque aux flets.

— Qu'est-ce que cela?

— La flaque aux flets, c'est un grand trou que la mer a creusé dans la plage, au-dessous du Risban, et où l'on trouve à chaque reflux du flet à revendre, du flet qui est un joli poisson à six blancs la douzaine.

— Accordé! ce soir, tu recevras ta patente scellée à mes armes.

Qui est fier et joyeux? le cousin Dandaine! son rêve se trouve accompli, chaque jour, il rentre avec des paniers pleins de poisson. Malheureusement, au bout d'un mois, une tempête souffle, qui bouleverse le galet, comble la flaque aux flets, et voilà comme les ambitieux sont punis, monseigneur, ajouta sous forme de moralité maître Cornil en terminant son récit?

— Soit! mais votre fils a droit aussi à une récompense, et ce n'est sans doute pas comme vous un sage de la Grèce. Voyons, continua d'Estrades, en se tournant vers le petit Jean et posant la main sur les boucles blondes de sa tête, que désires-tu, mon enfant.

— L'occasion de me battre contre les Anglais.

— Bien répondu! seulement c'est plus que je ne puis t'offrir, mais cela viendra, et alors le roi te paiera toutes ses dettes. Jusque là...

— Jusque là nous lui ferons crédit, ajouta Cornill en serrant respectueusement la main que lui tendait le comte d'Estrades.

Paris. — Typ. Morris et Comp., rue Amelot, 64.